VENTE

TROUILLEBERT

1895

Monsieur Trouillebert *prie*

M___

de lui faire l'honneur de visiter l'Exposition de

ses Tableaux, qui aura lieu le Mardi 26 Mars,

à l'Hôtel Drouot, Salle nº 1, de 1 heure à

6 heures.

CONDITIONS DE LA VENTE

La vente sera faite au comptant.

Les acquéreurs payeront cinq pour cent en sus des enchères,
applicables aux frais.

TABLEAUX

PAR

TROUILLEBERT

DONT LA VENTE AURA LIEU

HOTEL DROUOT

Salle N° 1

LE MERCREDI 27 MARS 1895

à 3 heures très précises

COMMISSAIRE-PRISEUR

Mᵉ JULES PLAÇAIS, 29, rue de Maubeuge

EXPERT

M. HENRI HARO, 14, rue Visconti et 20, rue Bonaparte

Chez lesquels on délivre le Catalogue

EXPOSITION PUBLIQUE LE MARDI 26 MARS

De 1 heure à 6 heures

CATALOGUE

6. Maisons au Bord de la Vienne, a Candes.

H. 0.32 — L. 0.41

7. Le Port d'Auray ; *Morbihan*.

H. 0.39 — L. 0.51

8. La Loire a la Pointe du Veron ; *Indre-et-Loire*.

H. 0.32 — L. 0.46

9. Pature au Bord de la Sarthe, a Saint-Cénery.

H. 0.44 — L. 0.30

10. Un Fossé de Prairie, a Candes.

H. 0 41 — L. 0.32

11. Le Pont de Chenonceaux.

H. 0.32 — L. 0.41

12. La Rivière d'Auray ; *Morbihan*.

H. 0.38 — L. 0.55

13. LE LOIR AUX ENVIRONS DE LA FLÈCHE.

H. 0.27 — L. 0.22

14. PRAIRIE AU BORD DE LA LOIRE.

H. 0.22 — L. 0.27

15. CHEMIN CREUX, A VILLENEUVE.

H. 0.27 — L. 0.22

16. BORD DE LA VIENNE; *près Chinon.*

H. 0.22 — L. 0.27

17. LE PONT DE LA FLÈCHE.

H. 0.34 — L. 0.50

18. UNE ILE; *près Candes*

H. 0.32 — L. 0.46

19. PETIT HERBAGE, A CANDES.

H. 0.22 — L. 0.27

27. LAVEUSES AU BORD DE L'ISOLE, A QUIMPERLÉ.

H. 0.41 — L. 0.32

28. ECLUSE SUR LE CHER, A CHENONCEAUX.

H. 0.32 — L. 0.41

29. MOULIN SUR L'ELLÉ, A QUIMPERLÉ.

H. 0.38 — l.. 0.55

30. MARE AUX ENVIRONS DE TOURS.

H. 0.38 — L. 0.55

31. VIEUX MOULINS A LA FLÈCHE.

H. 0.38 — L. 0.46

32. PAYSAGE SUR L'ODET, A QUIMPER.

H. 0.41 — L. 0.32

33. LE PONT DES CARMES, A LA FLÈCHE.

H. 0.32 — L. 0.41

34. CHEMIN DE HALAGE, A CHISSEAU ; *près Chenonceaux*.

H. 0.38 — L. 0.55

35. PONT DE LA ROCHE, AUX ENVIRONS DE LANDERNEAU.

H. 0.32 — L. 0.41

36. LA FOSSE DU PAS, A CANDES.

H. 0.41 — L. 0.32

37. MOULIN SUR LA SARTHE ; *près Fresnay*.

H. 0.32 — L. 0.41

38. CHEMIN CREUX, A QUIMPERLÉ.

H. 0.41 — L. 0.32

39. MARE ET VILLAGE DE SAINT-MARTIN.

H. 0.32 — L. 0.41

40. MOULIN ABANDONNÉ ; *près Saint-Brieuc*.

H. 0.32 — L. 0.41

41. Débarcadère des Bateaux, a Saint-Gingolph ; *Lac Leman.*

H. 0.36 — L. 0.46

42. Saulée, a la Fosse du Pas, a Candes.

H. 0.51 — L. 0.40

43. Prairie au Bord de l'Ellé, a Quimperlé.

H. 0.32 — L. 0.41

44. Paysage au Bord de la Laita, a Quimperlé.

H. 0.32 — L. 0.46

45. Quimper ; *Vue prise du Chemin de Halage.*

H. 0.32 — L. 0.41

46. Petit Chemin au Bord de la Vienne, a Saint-Germain.

H. 0.32 — L. 0.41

47. MOULIN SUR L'ELLÉ, A QUIMPERLÉ.

H. 0.46 — L 0.38

48. PACAGE AU BORD DE LA LOIRE, A MONTSOREAU.

H. 0.41 — L. 0.32

49. FONTAINE A AURAY; *Morbihan.*

H. 0.41 — L. 0.26

50. LE CHATEAU DE CHENONCEAUX.

H. 0.65 — L. 0.81

51. BARRAGE EN RUINE SUR LA VIENNE; *Effet du Matin.*

H. 0.65 — L. 0.81

52. COIN D'ILE: *près Pont-de-l'Arche.*

H. 0.65 — L. 0.81

53. PRAIRIE AU BORD DE LA VIENNE; *Effet du Matin.*

H. 0.65 — L. 0.81

54. LES FANEUSES ; *Effet du Matin.*

H. 0.65 — l.. 0.81

55. JEUNE FILLE ENDORMIE.

H. 0.27 — L. 0.51

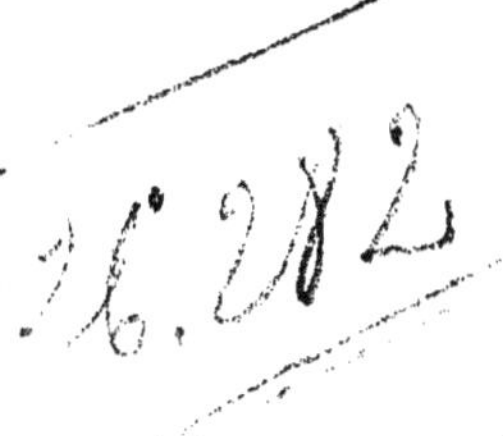

PARIS. — IMP. DE LA PRESSE, 16, RUE DU CROISSANT. — SIMART.